~~~

„Gerade beim Verkaufen ist es das Schöne, dass man in seinem Beruf etwas lernen und tun darf, was man in allen Rollen des Lebens gebrauchen kann: Umgang mit Anderen, Kommunikation, Wärme, Wertschätzung, Gestalten von Sprache, eben Formen der Persönlichkeit!"

~~~

Autor: Michael Behn

Wer nicht lächeln kann, der sollte nicht zum Kunden gehen

Das Geschichten- und Reflexionsbuch
für Verkäuferinnen und Verkäufer

Michael Behn
Wer nicht lächeln kann, der sollte nicht zum Kunden gehen
März 2022, 2. Auflage
Herrenberg
ISBN: 9783755727842
Copyright 2021 Michael Behn

Vielen Dank an Inge Blesinger für das Lektorieren des Buches.

Kontakt:
Michael Behn
Am Joachimsberg 46, 71083 Herrenberg
E-Mail: behn@behn-friends.de

Bibliografische Information der Deutschen Nationalbibliothek: Die Deutsche Nationalbibliothek verzeichnet diese Publikation in der Deutschen Nationalbibliografie; detaillierte bibliografische Daten sind im Internet über http://dnb.dnb.de abrufbar.

Herstellung und Verlag: BoD – Books on Demand, Norderstedt
ISBN: 9783755727842

Gewidmet allen,
die Freude am Verkaufen haben.

Inhalt

Einleitung

Menschen lieben Geschichten. Wir wachsen mit ihnen auf, lernen aus ihnen und sie bleiben uns in Erinnerung.

Sicher fällt auch Ihnen eine Geschichte ein, die Ihre Eltern, Ihre Oma oder ein guter Freund erzählte. Eine Geschichte, an die Sie bis heute denken müssen und die Sie immer wieder zum Nachdenken anregt oder an wichtige Aspekte im Leben erinnert.

Auch Verkäuferinnen und Verkäufer sollten gute Geschichten erzählen können. Sei es, um etwas vortrefflich zu beschreiben, ein Quantum Humor einzustreuen, etwas Komplexes zu beschreiben, eine Referenz einzubringen oder um den Gesprächspartnern einen Nutzen aufzuzeigen.

Dieses Geschichtenbuch soll dazu dienen, Sie an wichtige Aspekte im Verkauf zu erinnern und diese zu verankern. Dazu sind Geschichten ebenfalls ein ausgezeichnetes Mittel.

Wenn Sie Gefallen finden an diesem kleinen Büchlein, Sie Anregungen für Ihren spannenden Beruf erhalten oder es Sie auch mal tröstet, wenn es nicht so läuft, dann habe ich etwas richtig gemacht.

Viel Freude mit den Geschichten und Übungen zum Thema „Verkaufen und Bedienen", viel Erfolg privat wie beruflich und vielleicht bis bald einmal.

Michael Behn

1 Der ausbleibende Rückruf

Miria saß an ihrem Schreibtisch und blickte immer wieder zum Telefon. „Warum ruft der Kunde nicht zurück?", dachte sie.

Das ganze Wochenende war sie aufgeregt gewesen, weil der neue Kunde seine Bestellung immer noch nicht zugesandt hatte. Eigentlich wollte er die Auftragsbestätigung ihr bereits am Freitag zusenden und es wäre natürlich auch am Wochenende möglich gewesen. Sie prüfte ja immer wieder ihre E-Mails.

Doch die Bestellung kam und kam nicht. Es war nun Montag und einen weiteren Wochenstart mit schlechten Nachrichten würde sie einfach nicht verkraften. Ihre Verkaufszahlen waren zurzeit nicht gut. Das war zwar auch der schwierigen Zeit geschuldet, was jedoch ihren Vertriebsleiter nur sehr wenig interessierte.

Vielleicht war es ja auch ganz gut. Ihren Vertriebsleiter wollte sie nicht noch die nächsten 10 Jahre als Vorgesetzten haben. Klar musste er mit seinem Team Ergebnisse liefern, aber er war einfach ein Motivationsanalphabet und eine unsensible Führungskraft.

Was, wenn dieser Kunde abspringt? Demnächst werden die Halbjahreszahlen besprochen. Da wäre dieser Kunde mehr als wichtig. Miria hatte mittlerweile Bauchschmerzen und am linken Auge fing wieder dieses nervöse Pochen an.

16:30 Uhr: Miria ertrug es nicht länger. Es war ihr egal. Sie würde jetzt den Kunden anrufen.

„Guten Tag Frau Breitner, hier ist Miria Paul von der Kastronik-Liquid GmbH. Ich würde gerne Herrn Tetsche sprechen", sagte Miria mit leicht zittriger Stimme.

„Der ist diese Woche auf Geschäftsreise.", antwortete Frau Breitner.

Nun fing auch das rechte Auge von Miria an zu pochen und es entwich ihr ein tiefer Seufzer.

„Sie rufen doch bestimmt wegen der Bestellung an?", fragte Frau Breitner.

Miria piepste ein resigniert klingendes „Ja!"

„Da muss ich mich erst einmal bei Ihnen entschuldigen. Herr Tetsche hatte mich beauftragt, Ihnen die Bestellung am Freitag zuzusenden. Das war ihm sehr wichtig, aber ich habe es nicht geschafft. Unser Mailserver hat Probleme verursacht. Aber das haben wir erst heute Morgen gemerkt", sagte Frau Breitner. „Ich hoffe, Sie entschuldigen das, denn ich habe eine gute Nachricht für Sie. Herr Tetsche hat die Bestellmenge verdoppelt, weil unsere Niederlassung in Polen ebenfalls diesen neuen Schmierstoff verwenden soll. Ich hoffe, das gibt keine Lieferprobleme wegen der großen Menge", sagte Frau Breitner.

Miria strahlte wie ein Honigkuchenpferd und stotterte: „Ja, oh klasse. Nein, nein, das kriegen wir hin. Senden Sie mir einfach die Bestellung so schnell wie möglich zu und ich kümmere mich um alles Weitere", sagte Miria. Das Pochen an den Augen war verschwunden und auch der Magen hatte eine Wunderheilung erfahren.

Anmerkungen: Wir sollten aufpassen, was sich in unserem Kopfkino abspielt. Vertrieb ist ohnehin schon herausfordernd genug. Stets nur negative Gedanken kosten Kraft und

Gesundheit. Weitere Anregungen zu diesem Thema finden Sie im hinteren Teil des Buches.

Die Kurzanalyse finden Sie auf **Seite 42.**

~~~

„Du kannst nicht verhindern,
dass ein Vogelschwarm über
deinen Kopf hinweg fliegt.
Aber du kannst verhindern,
dass er in deinen Haaren nistet."

Martin Luther, * 1483, † 1546,
deutscher Theologe und Reformator

~~~

2 Der Preis ist mir zu hoch

Es war September und Bernd Kilian saß neben einem Interessenten für Carports. Herr Glatt war circa Mitte Dreißig und sein hochmotorisierter Kombi musste immer noch ungeschützt auf der Straße parken.

Sie hatten bereits eine ganze Zeit über das Für und Wider der verschiedenen Carports gesprochen. Ein Modell hatte sich als das geeignetste herausgestellt, doch Herr Glatt zögerte noch.

„Da sollten Sie zuschlagen. Im nächsten Jahr wird es diese Ausführungen mit der Holzart und der Verkleidung nicht mehr geben. Wenn Sie sich heute entscheiden, dann kann Ihr toller Wagen schon in diesem Winter unter dem Carport stehen", sagte Bernd und blickte den Kunden erwartungsvoll an.

Stille. Herr Glatt zog das Angebot näher an sich heran und prüfte es erneut.

„Das Angebot gefällt mir, aber der Preis ist mir zu hoch", sagte Herr Glatt.

Bernd wurde leicht rot im Gesicht und die Finger seiner rechten Hand trommelten nervös auf dem Tisch. Jetzt hatte er sich so viel Mühe gegeben und dann das. Das konnte doch nicht wahr sein.

„Am Preis können wir sicher noch etwas machen, wenn Sie sich jetzt entscheiden", sagte Bernd.

Herr Glatt schaute aus dem Fenster. Wieder Stille. „Was könnten Sie am Preis machen?", fragte Herr Glatt und schob das Angebot in Richtung Bernd.

„Also, da es sich um ein Auslaufmodell handelt, könnte ich Ihnen 15 % geben", sagte Bernd sichtlich verunsichert.

Herr Glatt lehnte sich im Stuhl zurück und griff sich an die Nase. Nach einer weiteren kurzen Pause sagte er: „Ach, wissen Sie was? Ich überlege mir das noch mal. Auslaufmodelle gibt es ja sicher auch bei anderen Händlern."

Keine 10 Minuten später saß Bernd im Auto und ließ frustriert den Motor an. Was war geschehen? Was hatte er übersehen?

Reflexionsfragen zur Geschichte: Wie schätzen Sie diese Situation ein? Was hätte Bernd anders machen können? Was war aus Ihrer Sicht nicht so geschickt? In hinteren Bereich dieses Buches finden Sie meine Anregungen dazu.

Die Kurzanalyse finden Sie auf **Seite 43.**

~ ~ ~

„Die meisten Menschen wollen lieber durch Lob ruiniert als durch Kritik gerettet werden."

Amerikanisches Sprichwort

~ ~ ~

3 Win-Win-Win

Im dritten Stock des Kaufhauses war die weiße Ware zu finden. Frau Noppel und ihr Mann wollten sich dort eine neue Waschmaschine kaufen. Frau Noppel liebäugelte insgeheim mit einer Miele, wohlwissend, dass ihr Mann da wohl nicht mitmachen würde.

„Guten Tag, kann ich Ihnen helfen?", fragte der blonde, junge Mann. Sein Name war Hans.

„Das weiß ich nicht", sagte Herr Noppel, der sich immer wieder den Spaß machte und Fragen so beantwortete, wie er sie verstand.

„Ach so, Sie wollen gar nichts kaufen", sagte Hans.

„Doch, eventuell schon. Aber Sie fragten, ob Sie helfen können. Die Frage kann ich nicht beantworten. Ich weiß ja nicht, was Sie gelernt haben, junger Mann. Deswegen kann ich nicht sagen, ob Sie es ‚können'. Versuchen dürfen Sie es aber", sagte Herr Noppel, der heute Lust hatte, ein wenig Schweinchen Schlau zu spielen. Frau Noppel übte sich in Fremdschämen und verdrehte die Augen.

Hans lachte verlegen.

„Nun, da haben Sie vollkommen recht. Ich sollte diese Frage in der Tat anders stellen. Vielen Dank für den Tipp", sagte Hans.

Herr Noppel war baff. Damit hatte er nicht gerechnet. Normalerweise wurden seine Hinweise in dieser Art von Verkäuferinnen und Verkäufern überhört.

„Dann freue ich mich, dass ich es versuchen darf. Was für ein Gerät in diesem Bereich interessiert Sie?", fragte Hans und schaute erst Frau Noppel und dann Herrn Noppel lächelnd an.

Kurze Zeit später war Frau Noppel glücklich, denn sie bekam doch tatsächlich ihre Waschmaschine von Miele und selbst ihr Mann verließ das Kaufhaus mit einem Lächeln.

Anmerkungen zur Geschichte: Herr Noppel hat natürlich recht, dass die Gesprächseröffnung von Hans unglücklich formuliert ist. Leicht ließe sich eine bessere Frage finden. Doch viele Verkäuferinnen und Verkäufer sind bezogen auf die Sprache nicht genau, obwohl sie in einem Beruf arbeiten, in dem sie eigentlich dieses Werkzeug pflegen und verbessern sollten.

Auf der anderen Seite mag kein Mensch Schweinchen Schlau auch wenn es recht hat. Doch Hans reagiert nicht emotional auf die Aussage von Herrn Noppel, sondern zeigt Einsicht in das eigene Verhalten und bedankt sich sogar. So wurde eine dreifach-Win-Situation möglich.

Weitere Anregungen zum Thema Sprache und Wortwahl sowie die Kurzanalyse finden Sie auf **Seite 45.**

4 Das Bäckereifachgeschäft

Jim verließ die Bäckerei und ging zu seinem Fahrrad.

„Was? Du gehst in die Bäckerei Krümel. Das ist nicht dein Ernst. Diese Apotheke, da kostet alles mindestens 10 % mehr", sagte Gerd.

„Da hast du sicher recht. Aber mir ist mein Wohlbefinden 40 Cent wert", sagte Jim und verstaute die Tüte mit den Brötchen in seinem Rucksack.

„Wie meinst du das?", wollte Gerd wissen.

„Nun, wir haben hier in dieser Straße drei Bäckereien und dann noch die Backstation im Supermarkt. Bei der Bäckerei Zott habe ich immer das Gefühl, ich störe. Bei der Bäckerei Toast100 muss man neuerdings Nummern ziehen und wird aufgerufen. Und in den Supermarkt gehe ich nicht, weil ich das Handwerk unterstützen möchte", sagte Jim.

„Und bei der Bäckerei Krümel fühlst du dich besser, weil sie mit regionalen Produkten werben und so?", fragte Gerd.

„Nein, so ist das nicht", antwortete Jim. „Ich gehe zu Krümel, weil da zwei Verkäuferinnen arbeiten, von denen ich glaube, dass sie das lieben, was sie tun. Weil die Damen immer sehr freundlich zu mir, zu anderen Kunden und auch zueinander sind. Ich gehe da jedes Mal mit einem guten Gefühl und einem Lächeln raus. Frische Brötchen und gute Laune – das sind mir 40 Cent mehr wert."

Anmerkungen zur Geschichte: Wo gehen Sie gerne hin, weil man Sie gut bedient und gut behandelt?

Verkaufen, bedienen und Service generell ist für mich mit einem Lächeln verbunden und mit Freundlichkeit. Nein, kein übertriebenes Dauergrinsen, sondern ein wenig gute Laune. Da zahle auch ich gerne mehr, gebe gerne Trinkgeld oder investiere mein Geld in Produkte.

Was verbessert noch die Beziehungsebene zwischen Verkäuferinnen und Verkäufern und dem Kunden? Reflektieren Sie einmal, bezogen auf Ihre Verkaufspraxis oder wenn jemand Ihnen etwas verkaufen möchte.

Meine Ideen und die anderer Verkäuferinnen und Verkäufer finden Sie im Ideenteil.

Die Kurzanalyse finden Sie auf **Seite 47.**

~~~

„Wer nicht lächeln kann, sollte kein Geschäft aufmachen."

Chinesisches Sprichwort

~~~

5 Der Nicht-Autokauf bei Paul

Markus und seine Frau Sabine waren unterwegs, um sich nach einem neuen Auto für Sabine umzusehen. Sie hatten einige Händler besucht, aber das Passende war bis jetzt nicht dabei gewesen. Sabine war bereits etwas frustriert und Markus versuchte, sie aufzubauen.

„Jetzt klappt es bestimmt. Dieser Händler verkauft vor allem italienische Autos. Da müsste dein Herz doch höherschlagen", sagte Markus, drückte die Glastür nach innen und sie betraten die Verkaufshalle.

Hier standen vor allem Klein- und Mittelklassewagen. Nichts Ausgefallenes, nichts zu horrenden Preisen, sondern bezahlbare italienische Autos, mit dem immer noch anhaftenden Ruf der leichten Unzuverlässigkeit.

Sabine liebte Italien und sie mochte die Marke. Die Chance war groß, hier etwas zu finden. In den drei einsehbaren Büros saßen die Verkäufer. Zwei waren am Telefonieren und einer bearbeitete die klappernde Tastatur seines Rechners.

Die beiden schauten sich weiterhin um und kein Verkäufer nahm scheinbar Notiz. Sabine hatte sich mittlerweile ein wenig in ein Fahrzeug verguckt. Zum dritten Mal schlich sie um das Modell und betrachtete es mit ihren großen braunen Augen. Markus schaute auf die Uhr. Gleich war die Viertelstunde voll. Da bewegte sich etwas. Der Herr mit der klappernden Tastatur war aufgestanden und ging übertrieben dynamisch zu Sabine und Markus.

„Einen wunderschönen guten Tag, wie kann ich Ihnen helfen?", sagte der Verkäufer und trat dicht an Sabine und Markus heran. Sabine ging einen Schritt zurück.

„Wir suchen ein Fahrzeug für meine Frau", antwortete Markus. Sabine wollte gerade etwas ergänzen, als der Verkäufer sich um 90 Grad drehte und auf ein Fahrzeug zeigte.

„Das müssen Sie sich unbedingt anschauen. Bitte folgen Sie mir", sagte der Verkäufer und ging zu einem Präsentationsplateau, auf dem ein Cabrio stand. Rot, tiefer gelegt, innen schwarzes Leder. Genau das, was Sabine nicht suchte. „Tageszulassung, 20 % Nachlass auf den Neupreis, Winterreifen dabei. Der würde Ihnen gut stehen", sagte der Verkäufer zu Sabine und lächelte.

Sabine war das naturgegebene Lächeln eingefroren. Sie wollte gerade etwas sagen als aus einem der Verkaufsbüros jemand rief: „Paul, entschuldige, ein Telefonat für dich. Kannst du mal kurz kommen?"

„Entschuldigen Sie. Ich bin gleich wieder bei Ihnen. Setzen Sie sich doch mal in den roten Flitzer und schauen Sie, wie er sich anfühlt", sagte Verkäufer Paul und ging in sein Büro.

Sabine flüsterte Markus zu: „Bitte lass uns gehen. Hier kaufe ich kein Auto." Keine fünf Minuten später saßen die beiden unzufrieden und um eine Erfahrung reicher im Auto.

Verkäufer Paul beschwerte sich beim Mittagessen über unhöfliche Kunden, die ohne sich zu verabschieden einfach gehen.

Am folgenden Wochenende kaufte Sabine keine 10 Kilometer entfernt das Modell, das ihr so gut gefallen hatte, bei einem anderen Händler.

Anmerkungen zur Geschichte: Verkaufen wäre hier gar nicht notwendig gewesen, sondern lediglich aufmerksames Bedienen.

Da Paul wahrscheinlich kaum Feedback zu seinem Verhalten erhält, wird er auch nicht merken, dass nicht die Kunden unhöflich waren und sich „französisch verabschiedet" haben, sondern er mit seinem Verhalten. Ein Verhalten, mit dem so mancher Kunde in die Flucht geschlagen wird.

Die Kurzanalyse finden Sie auf **Seite 49.**

~ ~ ~

„Solange man selbst redet,
erfährt man nichts. "

Marie von Ebner-Eschenbach,
* 1830, † 1916, Schriftstellerin

~ ~ ~

6 Der E-Bike Verkäufer

John arbeitet in einem großen Fahrradgeschäft. Im E-Bike Bereich gab es zum Zeitpunkt des Geschehens eine sehr große Nachfrage. Es spielte sich an einem Donnerstag im Frühling ab.

„Guten Tag, kann ich Ihnen helfen?"

„Ja, gerne. Ich interessiere mich für ein E-Bike", sagte die Dame.

„Aha, okay. Ja, da habe ich zurzeit ein wunderbares Angebot. Ich gehe davon aus, dass Sie ein E-Bike möchten, an dem Sie lange Freude haben. Da kann ich Ihnen nur wärmstens dieses Angebot hier empfehlen. Es ist ein solides E-Bike, haltbar, im mittleren Preissegment und den Service garantieren wir Ihnen für die nächsten 3 Jahre kostenfrei. Sie zahlen lediglich die Verschleißteile. Was sagen Sie dazu? Ein klasse Angebot, oder?", erklärte John voller Überzeugung.

„Also, ich dachte auch an etwas Solides. Hm? Gibt es das auch in anderen Farben? Das ist mir etwas zu farblos", antwortete die Frau. Sie war circa 45 Jahre alt, groß, schlank und sportlich gekleidet. Die leuchtenden Turnschuhe passten zu ihrer Softshelljacke.

„Also dieses Angebot gibt es nur in Silber. Wir könnten da etwas bestellen, wenn Sie eine andere Farbe möchten. Aber dieses Rad ist halt mit 20 % Nachlass zurzeit in diesem Segment unschlagbar", sagte John und nahm das Rad vom Präsentationsständer.

„Und was ist mit dem knallgrünen da neben der Eingangstür?", fragte die Dame.

„Das ist die sportliche Version, die wir mit Schutzblechen etc. ausgerüstet haben. Es ist bereits verkauft. Der Kunde holt es morgen ab. Das ist mit Abstand das teuerste in deren Serie. Wie gesagt, leider verkauft. Soll ich da mal schauen, ob ich das besorgen kann? Wird wahrscheinlich Sommer werden", sagte John.

„Nein, brauchen Sie nicht. Ich wollte mich ja eh erst einmal umsehen. Bekommen Sie demnächst weitere E-Bikes rein?", fragte die Dame.

„Ja, ich denke schon. Aber im Moment sind E-Bikes sehr gefragt. Da wissen wir auch nicht immer, wann neue Modelle kommen", antwortete John.

„Okay, dann schaue ich einfach nochmal in 3 bis 4 Wochen vorbei", sagte die potentielle Kundin und wünschte John einen schönen und erfolgreichen Tag.

Anmerkungen zur Geschichte: Bitte überlegen Sie. Was hätte John anders machen können? Wo hat er aus Ihrer Sicht ungeschickt oder gar nicht reagiert?

Die Kurzanalyse finden Sie auf **Seite 51.**

~~~

„An allen wertvollen Gesprächen hat der, der zuhört, fast einen größeren Verdienst als der, der spricht. Zuhören können ist immer ein Beweis von Eigenwert."

*Sigmund Graff, * 1898, † 1979, deutscher Schriftsteller*

~~~

7 Der Mobilfunk-Verkäufer

Es klingelt und ich gehe ans Telefon.

„Ich rufe im Auftrag der Super-Mobilgesellschaft an. Es geht um Ihren Vertrag. Ich habe da einige spannende Einsparungsmöglichkeiten für Sie zusammengestellt. Sie wollen doch sicher auch Geld sparen? Wie hört sich das für Sie an?", sagte der Mann am Telefon.

Es war kurz vor der Mittagszeit und ich wollte tatsächlich meinen Vertrag demnächst verändern. Aber aus zwei Gründen war mir jetzt schon die Lust vergangen. Es war kurz vor dem Mittagessen und ich hatte runter gespulte Suggestivfragen satt. Jeder Sprachroboter klingt natürlicher und glaubwürdiger.

Ich dachte, nun gut, er kann es nicht anders oder er ist angehalten, es so zu machen. Auf der anderen Seite muss auch er Geld verdienen und ich will meinen Vertrag optimieren.

Ich sagte: „Oh, das passt mir gerade gar nicht. Sie können mich gerne wieder anrufen."

Nach einer kurzen Pause sagte der Verkäufer: „Ah ja, okay, dann weiß ich Bescheid. Einen schönen Tag noch."

Er wusste eben nicht Bescheid, denn sonst hätte er gefragt, wann er mich anrufen darf. Noch besser kann man den Ball nicht auf den Elfmeterpunkt legen. Schade, Suggestivfragen werden den Damen und Herren beigebracht, aber eine einfache Alternativfrage scheinbar nicht. Die Frage: „Herr Behn, darf ich Sie morgen Vormittag anrufen oder lieber am Nachmittag?" ist ja weder kompliziert noch abwegig. Ich hätte sicher einen Termin angenommen. Schade, eine Chance vertan.

Reflexionsfragen zur Geschichte: Was fällt Ihnen bei dieser Eröffnung des Verkäufers auf? Was hätte er aus Ihrer Sicht anders machen können?

Vergleichen Sie Ihre Ideen und Gedanken mit meinen am Ende des Buches.

Die Kurzanalyse finden Sie auf **Seite 52.**

~ ~ ~

„Wenn du eine weise Antwort verlangst, musst du vernünftig fragen.“

Johann Wolfgang von Goethe,
* 1749, † 1832, deutscher Dichter

~ ~ ~

8 Achte auf die Signale

Als ich eines Tages einen schwäbischen Bauunternehmer besuchte, war meine Absicht, ein neues großes Werkzeug im Bereich Gestein schneiden zu verkaufen. Wir hatten diese neue Maschine erst vor kurzem auf den Markt gebracht und ich persönlich war von ihr begeistert.

So betrat ich den Eingangsbereich und Frau Matzen von der Zentrale meldete mich an. Ich setzte mich in den kleinen Warteraum und 5 Minuten später kam der Geschäftsführer auf mich zu.

„Herr Jansen, schön, Sie mal wieder zu sehen", sagte der Geschäftsführer.

„Guten Tag, Herr von Donk, ja es freut mich auch, dass wir uns mal wieder sehen. Vor allem, weil ich Ihnen unbedingt die neueste Maschine vorstellen muss. Sie glauben gar nicht, was die Maschine für Funktionen hat ..."

Ich erzählte weiter und weiter, bis ich merkte, dass Herr von Donk seine Arme verschränkt hatte, ein wenig missmutig schaute und mit dem linken Fuß nervös auftippte.

„Sie merken, ich bin ganz begeistert. Aber bitte, Herr von Donk, erzählen Sie erst einmal, was es Neues in Ihrem Unternehmen gibt", sagte ich.

„Unfassbar, was uns heute Vormittag auf einer Baustelle passiert ist", sagte Herr von Donk und schlug dabei die Hände zusammen. Er erzählte von einer Baustelle am Hang, die nicht korrekt gesichert worden war. Der Hang rutschte ab und ein Bauarbeiter wurde verschüttet.

„Alle nahmen die Spaten und Schaufeln in die Hand und wir gruben wie die Verrückten. Nach 10 Minuten immer noch nichts. Dann traf mein Spaten auf etwas Festes. Es war der Helm von Willi und Gott sein Dank, er atmete noch. Willi wurde mit Blaulicht ins Krankenhaus gebracht. Gerade bekam ich den Anruf, dass es ihm gut geht“, erzählte Herr von Donk.

Ich sprach Herrn von Donk meine Anerkennung aus, dass alle so beherzt reagiert hatten. Wer weiß, wie das sonst ausgegangen wäre. Danach durfte ich einem sichtlich gelösten Herrn von Donk die neue Maschine vorführen. Ich hatte damit gerechnet, dass er eine der Maschinen testen möchte und sie vielleicht später bestellen würde. Doch er kaufte sogar zwei mit Servicevertrag. Schlussendlich hatten beide von uns einen spannenden und grandiosen Tag!

Anmerkungen zur Geschichte: Was wäre wohl passiert, hätte Herr Jansen die Signale, die Herr von Donk aussendete, nicht wahrgenommen und weiterhin die neue Maschine vorgestellt und versucht zu verkaufen?

Verkäuferinnen und Verkäufer sollten **mehr auf die Körpersprache ihrer Gesprächspartner achten**. Auch wäre es manchmal hilfreich, **mehr zuzuhören und weniger zu reden**.

Weitere Gedanken zu dieser Geschichte sowie einen **Merksatz** zum Thema Kommunikation und Verkauf finden Sie auf **Seite 53**.

~ ~ ~

„Achte nicht nur auf das, was die Leute dir sagen, sondern auch darauf, wie sie es sagen. Wenn du einigen Scharfsinn hast, wirst du mehr Wahrheit durch die Augen entdecken als durch die Ohren. Die Leute können sagen was sie wollen, können sich aber nicht genau eine Miene nach ihrem Willen geben. "

*Philip Dormer Stanhope, * 1694, † 1773, britischer Staatsmann und Schriftsteller*

~ ~ ~

9 Der kompetenteste Verkäufer – fast

Es war mal wieder so weit und die Möllers planten für den Sommer eine Reise. Sie hatten gespart und es sollte etwas Besonderes sein, denn sie hatten Silberne Hochzeit. Die beiden wollten eine zweiwöchige Flussfahrt in Europa machen. Wohin, stand noch nicht fest.

In ihrer Nähe waren drei Reisebüros, die sie aufsuchen wollten. Vergleichen war ihnen wichtig, denn sie wollten das beste Angebot für ihr Budget erhalten.

„Hallo, wie kann ich Ihnen helfen?", sagte der junge Mann im Freizeithemd und den bunten Tattoos auf beiden Armen. Sein Name war Mark.

„Wir möchten uns über Flussfahrten in Europa erkundigen", antwortete Herr Möller.

„Jupp, das ist immer eine gute Idee. Wissen Sie schon, auf welchem Fluss Sie schippern möchten?", fragte Mark. Er tippte etwas auf der Tastatur und starrte auf seinen Bildschirm.

„Nein, da sind wir offen. Sie müssen wissen, dass es eine Reise anlässlich unseres Hochzeitstages ist", sagte Herr Möller.

„Aha, na dann suchen wir doch mal was Nettes raus", sagte Mark und blickte weiterhin wie gebannt auf den Bildschirm.

Frau Möller fing an, die Tattoos auf dem Arm von Mark zu inspizieren und Herr Möller lehnte sich zurück und verschränkte die Arme.
Stumm suchte Mark nach Angeboten. Es kam den Möllers lang vor, denn er blickte nur in seinen Bildschirm und sagte

nichts. Ab und zu waren Laute wie „Aha", „Oh" oder „Hm" zu hören. Letztendlich druckte Mark drei Angebote aus.

„So, hier haben Sie drei Möglichkeiten für eine nette Hochzeitsreise", sagte Mark und blickte seine Kundschaft erwartungsvoll an.

Herr Möller stutzte und nahm die Blätter entgegen. Nach einer kurzen Pause und Blickkontakt mit seiner Frau sagte er: „Ja, vielen Dank. Wir werden die Angebote in Ruhe anschauen und uns dann entscheiden. Wir haben ja sicher etwas Zeit, um das zu tun, oder?"

„Klar, aber Sie müssen das anders sehen. Die Preise haben auch etwas mit dem Zeitpunkt der Buchung zu tun, je früher Sie buchen – Sie wissen schon …", sagte Mark.

„Ja, natürlich. Danke. Wir melden uns", sagte Herr Möller.

Eine Woche später buchten Möllers bei einem anderen Reiseverkehrskaufmann, obwohl das Angebot dort nicht ganz so passend und so günstig wie das von Mark war.

Anmerkungen: Was ist Ihnen bei dieser Geschichte aufgefallen? Warum entschieden sich Möllers Ihrer Meinung nach nicht für das passende und kostengünstige Angebot von Mark? Meine Ideen dazu finden Sie zum Vergleich wieder im hinteren Bereich des Buches.

Die Kurzanalyse finden Sie auf **Seite 54.**

~~~

„Das Was bedenke, noch mehr bedenke Wie."

Johann Wolfgang von Goethe,
* 1749, † 1832, deutscher Dichter

~~~

10 Der Espresso

Herr Billinger gab seinem Tischnachbarn die Dessertkarte und winkte die Kellnerin zu sich.

Sie waren heute zu zwölft am Tisch und feierten die gute Zusammenarbeit des letzten Jahres. Sie hatten fürstlich gegessen und auch das Taxiunternehmen würde heute noch an der Gruppe verdienen.

Alle bestellten den Nachtisch, der kurze Zeit später serviert wurde. Eis, Espresso, Mousse au Chocolat ... alle genossen ihr Dessert.

Nur der Geschäftsführer Herr Billinger schaute etwas unzufrieden in die Tiefe seiner Espressotasse. Selbst für italienische Verhältnisse war diese Menge Espresso recht klein.

Herr Billinger rief erneut die Bedienung zu sich.

„Ja, bitte", sagte die Bedienung.
„Wären Sie so nett und lassen mir ein wenig mehr Espresso in die Tasse?", sagte Herr Billinger.
„Sie möchten also einen Doppelten?", fragte die Bedienung.
„Nein, ich möchte lediglich etwas mehr in der Tasse. Dies ist arg wenig", meinte Herr Billinger und hielt der Bedienung die Tasse hin.
„So trinkt man den aber in Italien", sagte die Bedienung.
„A sind wir nicht in Italien und B bitte ich Sie lediglich ein wenig mehr Espresso in die Tasse zu zaubern", sagte Herr Billinger, der mittlerweile eine rötlichere Gesichtsfarbe annahm.
„Also einen Doppelten", fragte die Bedienung.

Herr Billinger stellte die Tasse wieder vor sich, setze sich etwas aufrechter hin und sagte: „Nein, danke. Ich trinke ihn so."

5 Minuten später stand Herr Billinger auf und ging zum Eingangsbereich des Restaurants. Hier erklärte ihm nun die Restaurantleiterin, dass sie nicht finden könne, dass ihre Mitarbeiterin etwas falsch gemacht hätte.

Herr Billinger zahlte kurze Zeit später die Rechnung, die ähnlich hoch war wie sein Ärger.

Anmerkungen: Kaum zu glauben – oder? Eine Bedienung, die einen Gast am Tisch vor seinen Geschäftspartnern belehrt, ja fast ein wenig vorführt.

Wie denken Sie über diese Geschichte? Ist Ihnen so etwas Ähnliches vielleicht auch schon mal passiert? Gleichen Sie Ihre Ideen mit meinen am Ende des Buches ab – wenn Sie mögen.

Die Kurzanalyse finden Sie auf **Seite 57.**

11 Ein stolzer Preis

Das ist ein stolzer Preis", sagte Herr Miller.

„Aber Herr Miller, Sie wissen doch, Qualität hat seinen Preis", sagte Herr Dirksen und stellte die Fotokamera vorsichtig wieder ins Regal.

Herr Miller war irritiert, denn eigentlich wollte er die Kamera noch einmal begutachten. Sie gefiel ihm, aber sie lag einiges über seinem Budget, das er mit sich selber vereinbart hatte.

„Auf der anderen Seite, ich werde mir nicht mehr so viele Kameras kaufen", überlegte Herr Miller und schaute Herrn Dirksen dabei zu, wie er bereits die Glasvitrine zuschließt.

Sie ahnen, was passierte. Herr Miller kaufte die Kamera bei einem Onlinehändler und das sogar ohne sein sonst übliches schlechtes Gewissen.

Anmerkungen: Was fällt Ihnen bei dieser kurzen Geschichte auf? Was war aus Ihrer Sicht wenig verkaufsfördernd? Meine Ideen finden Sie wieder hinten im Buch.

Die Kurzanalyse finden Sie auf **Seite 58.**

~~~

„Ein Langweiler ist ein Mensch, der redet, wenn du wünschst, dass er zuhört. "

*Ambrose Bierce, * 1842, † 1914,*
US-amerikanischer Journalist und Satiriker

~~~

12 Die E-Mail von Armin Bauerfreund

Per E-Mail an die Bunsen-Netz GmbH, Herrn Gerd Maier, Am Joachimsberg 46, 71083 Herrenberg

Betreff der E-Mail: **Unser Infopaket**

Hallo Herr Meier,

Bezugnehmend auf Ihre erste Musteranforderung per Telefon danken wir zunächst für Ihr Interesse an unseren Produkten.

Ich übersende Ihnen in der Anlage einige Beispiele für Umhängebänder und Pins mit entsprechenden Prospekten.

Unsere aktuellen Lieferzeiten betragen:

Ca. 3 Wochen bis Mustererstellung.
Ca. 3,5 Wochen ab „Muster gut zur Produktion".
Ohne Musterproduktion vorab ca. 4 Wochen.

Ich erstelle Ihnen gerne ein individuelles Angebot nach Erhalt des von Ihnen geplanten Motivs.

Für Rückfragen stehe ich Ihnen jederzeit unter 07032/930732 gerne zur Verfügung.

Ich freue mich, bald wieder von Ihnen zu hören und verbleibe

Mit freundlichen Grüßen

Armin Bauerfreund
Musterbänder GmbH

Anmerkungen zur E-Mail: Bitte markieren Sie, was aus Ihrer Sicht nicht zielführend, kompetent und wertschätzend ist. Gleichen Sie es mit meinen Ideen am Ende des Buches ab.

Die Kurzanalyse finden Sie auf **Seite 60.**

Die Kurzanalyse finden Sie auf **Seite 60.**

~ ~ ~

„Schreiben ist leicht. Man muss nur die falschen Wörter weglassen."

*Mark Twain, * 1835, † 1910,
amerikanischer Schriftsteller*

~ ~ ~

13 Die vergessenen Socken

Der Kauf neuer Hemden und dunkler Socken stand auf meiner To-do-Liste. Meine Frau hatte keine Zeit und ich war sowieso in Stuttgart. Natürlich nicht, ohne klare Empfehlungen und Größenangaben meiner Frau.

Ich hatte so gar keine Lust das Besagte einzukaufen, aber das haben Sie sicher bereits an meiner Einleitung bemerkt.

Kurze Zeit später war ich in einem größeren Geschäft für Damen- und Herrenbekleidung. Ich wollte schnell rein und schnell wieder raus, doch alles kam anders.

Ein Berater kam auf mich zu und eröffnete: „Sie sehen sich so suchend um, darf ich Ihnen helfen?"

„Potzblitz!", dachte ich, ein echter Blitzmerker. Aber einer, der endlich mal eine andere Startfrage nutzte. Das gefiel mir.

Der Verkäufer fragte, was ich suchen würde, wozu es passen solle, für welche Anlässe und so weiter und so weiter.

Lange Rede kurzer Sinn, als ich abends nach Hause kam präsentierte ich stolz meiner Frau den neuen Anzug, die passenden Schuhe und Hemden. Sie merken, die Socken fehlen.

Den Anzug habe ich lange und gerne getragen. Den Verkäufer werde ich nie vergessen, der mir voller Leidenschaft, Wertschätzung und mit dem richtigen Fingerspitzengefühl etwas verkaufte, was ich anfangs eigentlich nicht wollte, mich aber später noch lange erfreute.

Anmerkungen: Dieser Berater war für mich ein großartiges Beispiel für einen Verkäufer. Ein Mann, der im Interesse seines Unternehmens handelte und nicht nur bediente, sondern wirklich aktiv verkaufte. Aber er tat es so, dass der Kunde zufrieden mit dem Gekauften war und es auch wirklich brauchte.

Die Kurzanalyse finden Sie auf **Seite 62.**

~~~

„Man muss seinen Traum finden, dann wird der Weg leicht."

*Heinrich Heine, * 1797, † 1856, deutscher Dichter und Schriftsteller*

~~~

14 Clementinen

Martha stand in ihrer Küche und schaute auf den Kassenbon, den sie vom Marktstand bekommen hatte. „Wieso Clementinen? Ich habe doch nur Saftorangen gekauft", murmelte Martha während sie die Tüte kontrollierte. In der Tat, es waren Saftorangen. Diese kosteten eigentlich € 1,99 das Kilo und die Clementinen ganze € 4,99. Nicht das erste Mal, dass man sich an diesem Stand „geirrt" hatte und komischerweise immer zu Marthas Nachteil.

Heute würde sie aber zurück zum Stand radeln. 3 Euro sind 3 Euro und irgendwie fühlte sie sich ein wenig übers Ohr gehauen.

Am Stand angekommen stellte sie sich in die Warteschlange und beobachtete das Treiben. Hier wühlte ein Kunde nach den besten Äpfeln, da nahm eine Frau fünf Gurken in die Hand bis ihr eine zusagte.

„Sie wünschen?", sagte die Marktfrau an der Kasse.

„Ich habe heute Morgen bei Ihnen Saftorangen gekauft. Es wurden aber Clementinen berechnet", sagte Martha und gab der Dame den Bon und die Tüte.

Diese schaute etwas pikiert und sagte: „Oh, da habe ich mich wohl vertan." Sie tippte flugs einiges in die Kasse und gab Martha die 3 Euro, die sie am Morgen zu viel gezahlt hatte.

Anmerkungen zur Geschichte: Ich weiß nicht wie es Ihnen bei solchen Geschichten geht, aber ich bin dann immer völlig fassungslos über die fehlende Geschäftstüchtigkeit mancher Damen und Herren.

Reklamationen, Fehler und Beschwerden kommen vor und gehören zum Verkauf dazu, in welchem Bereich auch immer. Leider verstehen nicht alle die Chancen und Gefahren, die in der Bearbeitung solcher Situationen liegen.

Wie denken Sie über dieses Thema? Was hätten Sie getan?

Die Kurzanalyse finden Sie auf **Seite 63.**

~~~

„Arbeite, als würdest du das Geld nicht brauchen. Liebe, als hätte dich nie jemand verletzt. Tanze, als würde niemand zusehen. Singe, als würde niemand zuhören. Lebe, als wäre der Himmel auf Erden."

Mark Twain, * 1835, † 1910, amerikanischer Schriftsteller

~~~

Ideen und Anregungen und die 14 Merksätze

Auf den folgenden Seiten können Sie zu den einzelnen Geschichten einige Ideen und Anregungen lesen.

Bitte gleichen Sie es kritisch mit Ihren Erfahrungen ab.

Die Merksätze verdichten dann nochmal kurz und knapp wesentliche Prinzipien, die erfahrungsgemäß Verkäuferinnen und Verkäufern in ihrer Praxis helfen.

Dabei ist es nicht entscheidend, ob ich ein E-Bike, eine Hose oder eine CNC Maschine für 100.000 € verkaufe.

Interesse für den Kunden, Freude an der Arbeit und ab und an ein kleines Lächeln, das ist ein guter Start.

Ideen zu: Der ausbleibende Rückruf

Verkaufen hat auch etwas mit Geduld und Ausdauer zu tun. Doch auch ein Quantum Frustrationstoleranz gehört dazu, denn nicht immer sind verkäuferische Bemühungen von Erfolg gekrönt.

Auf der anderen Seite hat zu früher und zu leichter Erfolg leider auch immer wieder fatale, negative Folgen. Auch der Versuch, nach Abkürzungen zu suchen, führt selten zu Gutem.

Wenn wir gedanklich die Zeitungen von gestern aufschlagen, finden wir sicher gerühmte und gelobte Verkäufer oder Manager, die Preise bekamen, von denen heute so mancher auf der Anklagebank sitzt oder auf der Flucht ist.

Niemand sollte seine persönlichen Werte soweit dehnen, dass er oder sie sich selbst verliert.

Wer nachhaltigen Erfolg im Vertrieb möchte, der sollte realistisch denken. Wie überall, gibt es auch im Verkauf gute und schlechte Phasen. Das sollten wir akzeptieren und uns vor „Abkürzungen" hüten.

Merksatz 1: Wenn es gut läuft, seien wir nicht zu euphorisch und verlieren den Boden unter den Füßen, wenn es schlecht läuft, sollten wir nicht zu niedergeschlagen sein. Wenn wir richtig analysieren und etwas tun, wird sich das Blatt schon bald wenden.

Ideen zu: Der Preis ist mir zu hoch

Hier einige Anmerkungen zu Bernds Gespräch:

1. In die Entscheidungsphase zu gehen ist sicher irgendwann geboten. Die Wortwahl „da sollten Sie zuschlagen" oder „ihr toller Wagen" könnte Bernd überdenken.
2. Die Aussage von Herrn Glatt: „Das Angebot gefällt mir, aber der Preis ist mir zu hoch", kann viele Gründe haben. Es könnte der Wunsch sein, ein wenig zu verhandeln. Das sollten wir einem Kunden immer zugestehen, denn keiner möchte Geld verschenken. Es könnte noch ein anderes Problem vorliegen: Er fühlt sich gedrängt, hat etwas noch nicht verstanden oder sein Motiv wurde noch nicht ausreichend getroffen. Wie dem auch sei, ein Verkäufer sollte hier versuchen, ruhig zu bleiben und eine Lösung zu finden.
3. Bernd lenkt umgehend ein und spricht über den Preis. „Am Preis können wir sicher noch etwas machen, wenn Sie sich jetzt entscheiden". Bernd könnte im Gespräch aber auch zuerst versuchen, einen anderen Weg einzuschlagen und fragen: „Was gefällt Ihnen so gut am Angebot, Herr Glatt?" Nun zählt Herr Glatt eventuell die Punkte auf, die den Preis erklären. Auf jeden Fall erfahren wir nochmal, was dem Kunden wichtig ist. Wenn notwendig, könnte man in der Folge immer noch über eine Preisreduktion sprechen.
4. Bernd gibt stattdessen einen großen Nachlass von 15 %. So etwas könnte bei Kunden auch negativ ankommen. „Warum bietet mir der Verkäufer erst einen Mondpreis an?" So könnte Vertrauen verloren gehen.
5. Bernd macht aus einer zuerst besonderen Version eines Carports – „Nächstes Jahr wird es diese Ausführungen mit der Holzart und der Verkleidung nicht mehr geben" – ein Auslaufmodell: „Also, da es ja ein Auslaufmodell

ist, könnte ich Ihnen 15 % geben". Auch das wirkt nicht gerade vertrauensfördernd und wertet den Carport ab.

6. Übrigens: Wenn Sie einem Kunden einen Nachlass geben, dann versuchen Sie es erst einmal mit einem Naturalrabatt. Das ist zumeist günstiger und hat für den Kunden denselben Wert. In diesem Fall könnte das ein attraktiver, kostenloser seitlicher Windfang oder Sichtschutz am Carport sein.

Merksatz 2: Überlegen Sie gerade bei kritischen Aussagen des Kunden, wie Sie reagieren. Häufig wird auf den negativsten Aspekt in Aussagen reagiert, nicht aber auf die positiven Möglichkeiten.

Ideen zu: Win-Win-Win

Den Profi erkennt man auch an der Sprache. Es reicht in der Umgangssprache, wenn wir sagen „Schraubenzieher". Ein Profi würde das nicht tun. Er sagt „Schraubendreher", denn das ist seine offizielle und richtige Bezeichnung. In der Handwerksausbildung wird auf den vermeintlich korrekteren Begriff großen Wert gelegt.

So mancher wirft mir in meinen Seminaren höchstwahrscheinlich gedanklich vor, dass ich spitzfindig sei. Dass ich es mit der Sprache und der Wortwahl zu genau nehme.

Auf der anderen Seite ist Sprache mein Werkzeug. So, wie es auch ein wichtiges Werkzeug für Verkäufer, Berater, Führungskräfte oder Politiker ist.

Wenn die Worte und Sätze nicht stimmen, dann ist das Gesagte nicht genau das, was gemeint ist. Das sollte vermieden werden, denn es führt zu Missverständnissen, Verärgerung, Verwirrung oder Misstrauen.

Die Frage: „Kann ich helfen?", ist eine Frage, die nach etwas anderem fragt als „Darf ich Sie beraten?" oder „Darf ich Ihnen behilflich sein?"

Jetzt könnte man einwerfen: „Der andere weiß doch, was gemeint ist?" Das ist wahrscheinlich richtig. Doch warum wollen wir darauf hoffen, wenn die korrekte Frage besser klingt und nicht zu Missverständnissen führen kann?! Wir sollten uns als Profis ein wenig mehr Mühe geben.

Unsere Sprache und Wortwahl ist auch eine Visitenkarte unserer Persönlichkeit. Deswegen sollten wir unsere Sprache pflegen, so wie wir es mit unserem Auto oder unserem Äußeren etc. auch tun.

Merksatz 3: Holen wir die Lupe raus und üben verständlicher zu sprechen. Polieren wir, bis unsere Sprache glänzt und ganz klar und eindeutig ist.

~ ~ ~

„Die Sprache ist die Kleidung der Gedanken."

*Samuel Johnson, * 1709, † 1784,
englischer Schriftsteller*

~ ~ ~

Ideen zu: Das Bäckereifachgeschäft

Verkäuferinnen und Verkäufer sollten Beziehungsgestalter sein, denn Vertrauen und Zutrauen hat etwas mit Fachkompetenz aber eben auch mit der Persönlichkeit des Verkäufers zu tun.

Es gibt in Verkaufssituationen erfahrungsgemäß viele Aspekte, die eine Beziehung verbessern bzw. verschlechtern können. Nachfolgend werden einige Punkte genannt, die die Beziehung verbessern bzw. zu keiner Verschlechterung führen:

o Pünktlichkeit
o Zur Rolle passende Kleidung (Erscheinung)
o Authentisch auftreten (Echtheit)
o Freundlichkeit, Höflichkeit
o Sein Gegenüber immer wieder mal mit Namen ansprechen
o Ausreden lassen und aktiv zuhören
o Angemessene Wortwahl (nicht abgehoben, kein Fachjargon)
o Nicht zu aufdringlich sein
o Stimme: lebendiger ist besser als monoton
o Weder zu leise noch zu laut sprechen
o Nicht den Wettbewerb schlecht machen
o Absprachen aufschreiben und einhalten
o Nicht überreden
o Für Produkte und Leistungen begeistern

Merksatz 4: Schenken Sie Kunden ein Lächeln und denken an die Wichtigkeit der Beziehungsebene.

~~~

„Wer es im Leben weit bringen
will, muss zwei Dinge
beherrschen: Lachen und
zuhören können."

Aus der Mandschurei

~~~

Ideen zu: Der Nicht-Autokauf bei Paul

1. Sicher kann ein Verkäufer Interessenten ein wenig warten und sich umsehen lassen. Aber was ist, wenn diese die Wartezeit als zu lange empfinden oder es gar als unhöflich erleben? Es ist ja möglich, die potentiellen Kunden kurz zu begrüßen und dann zu erklären, dass man noch einige Minuten braucht.

2. Ich kann die Frage „Wie kann ich Ihnen helfen?" nicht mehr hören. Eine einfallslose, schreckliche Phrase in Frageform. Mein Tipp: Denken Sie sich eine gute Startfrage und Begrüßung aus. Testen Sie immer mal wieder eine neue. Bedenken Sie bitte: Sie haben keine zweite Chance für einen ersten Eindruck.

3. Wenn ein Kunde zurückweicht, dann ist jemand zu nahe an ihn herangetreten. Menschen haben ein leicht unterschiedliches Distanzempfinden. Wir sollten darauf achten, dem Kunden nicht zu nahe zu kommen, denn das wirkt aufdringlich.

4. Sabine will ein Auto kaufen. Sie wurde nur nicht gefragt. Sie denken: „Kann nicht sein" oder „unrealistische Geschichte." Mag sein, aber ich erlebe immer wieder Verkäuferinnen und Verkäufer, die die Analysephase zu kurz gestalten.

5. Es gäbe noch einige weitere Punkte, die Paul für das nächste Gespräch überdenken sollte. Sie haben sicher weitere Aussagen und Verhaltensweisen gefunden. Das Problem für Paul besteht aber auch darin – es sagt ihm leider keiner.

Merksatz 5: Eine gute Analyse hilft, den tatsächlichen Bedarf des Gesprächspartners bzw. Kunden zu erkennen und seine Motive kennen zu lernen.

~~~

„Überhaupt ist es geratener,
seinen Verstand durch das,
was man verschweigt,
an den Tag zu legen,
als durch das, was man sagt."

Arthur Schopenhauer, * 1788, † 1860,
deutscher Philosoph

~~~

Ideen zu: Der E-Bike Verkäufer

Auch beim Verkauf von E-Bikes, wenngleich es eigentlich Pedelecs sind, sollte ein Verkäufer die Analysephase nicht überspringen.

Verkäufer John verlässt sich eher auf seinen Instinkt und seine Vermutungen, als die potentielle Kundin direkt zu fragen, was sie sich wünscht. Schnell war sicher auch Ihnen klar, dass die Kundin nicht primär „ein solides E-Bike" suchte. Ihre Kleidung, aber auch ihre Frage nach dem knallgrünen Fahrrad an der Eingangstür weisen eher darauf hin, dass die Dame etwas farbigeres und sportlicheres wünschte. Es könnte darauf hindeuten, dass das Motiv „Ansehen" bei ihr stark ausgeprägt ist. Ein solides Fahrrad gefällt eher jemandem, der „Sicherheit" als Motiv hat.

Die Reaktion von John auf die Frage der Interessentin nach dem sportlichen Rad war ebenfalls wenig geschickt. Er beendet seine Antwort mit „wird wahrscheinlich Sommer werden". Selbst wenn dies tatsächlich so ist, sind Vermutungen wenig hilfreich und nicht verkaufsfördernd.

Frage: Glauben Sie, dass die Interessentin in 3 bis 4 Wochen in diesem Geschäft noch einmal nach E-Bikes fragen wird? Ich denke: Nein!

Merksatz 6: Stellen Sie während der Analysephase mehr Fragen und hören aktiv zu, um herauszufinden, was ihren Kundinnen und Kunden wichtig ist. Die Vorstellungen, Motive und Wünsche des Kunden sind entscheidend und nicht der Geschmack oder die Vermutungen des Verkäufers.

Ideen zu: Der Mobilfunk-Verkäufer

Die Erfolgsquote dieser Telefongesellschaft mag mit dem Vorgehen ihrer Verkäuferinnen und Verkäufer gut sein. Besonders wertschätzend und imagefördernd ist das Verhalten jedoch nicht.

Wer während der Mittagszeit anruft, könnte beispielsweise erfragen, ob es gerade passt oder ob am Nachmittag ein gutes Angebot vorgestellt werden dürfte.

Die Suggestivfrage: „Sie wollen doch sicher auch Geld sparen?" und die offene Frage: „Wie hört sich das für Sie an?" sind nicht nur manipulativ, sondern erinnern an die Art, wie mit Kindern gesprochen wird. „Wenn du jetzt dein Zimmer aufräumst und deine Hausaufgaben fertig hast, dann kannst du nachher den Film sehen. Na Jim, wie hört sich das für dich an?"

Eröffnen Sie Gespräche eher mit einem klar erkennbaren Nutzen für den Interessenten und fragen Sie, ob es gerade passt, sofern Sie „kalt" anrufen. Sie möchten wahrscheinlich sowieso mit potentiellen Kunden reden, die ein wenig Interesse haben und nicht jedem ein Gespräch aufzwängen, was im Übrigen viel Zeit und Energie kostet.

Merksatz 7: Beginnen Sie Verkaufsgespräche am Telefon wertschätzend und mit einem starken Nutzen.

Ideen zu: Achte auf die Signale

Zur ersten Geschichte möchte ich meine Empfehlung bekräftigen, dass Verkäuferinnen und Verkäufer genauer auf die Körpersprache ihrer Gesprächspartner achten sollten.

Mimik, Gestik und Tonfall geben uns wertvolle Zusatzinformationen, die uns dabei helfen, zu erkennen, wo wir noch einmal nachfragen sollten, wenn etwas ungeschickt formuliert oder etwas nicht verstanden wurde.

Generell sind wir als Verkäufer dafür verantwortlich, dass der Interessent oder Kunde einen starken und aufmerksamen Partner erlebt. Dazu müssen wir aber genauer hinsehen und hinhören, denn unsere Gesprächspartner sagen uns nicht immer, was sie gerade denken und fühlen. Wenn wir jedoch die Körpersprache genau beobachten und lernen, sie zu verstehen, werden die Gedanken unseres Gegenübers durchaus sichtbar.

Merksatz 8: Beschäftigen Sie sich mit Körpersprache. Schauen Sie genau hin und lernen Sie die unterschätzte Sprache.

~ ~ ~

„Der Körper ist der Übersetzer der Seele ins Sichtbare."

*Christian Morgenstern, * 1871, † 1914, deutscher Schriftsteller*

~ ~ ~

Ideen zu: Der kompetenteste Verkäufer – fast

Kunden entscheiden nicht nur nach rationalen Gesichtspunkten, denn dann wären der Preis und das „gute" Angebot hier ausschlaggebend. Wichtig ist eben auch, dass der Verkäufer oder die Verkäuferin die Beziehungsebene zum Kunden beachtet. So entsteht Vertrauen und Zutrauen - oder eben nicht.

Die Beziehung startet mit dem Blickkontakt und den ersten Worten. Gerade der Start ist so wichtig, weil sich hier zumeist entscheidet, wie die folgenden Informationen wahrgenommen werden.

In der Gehirnforschung nennt man dieses Phänomen den Halo-Effekt – den Überstrahlungseffekt. Er besagt, dass der erste Eindruck prägend ist und beeinflusst, wie alle weiteren Informationen wahrgenommen werden.

Das Problem: Wir Menschen neigen zum Vorurteil. Auch wenn Mark vom Fachwissen her der beste Berater wäre, so bilden sich Gesprächspartner ihr Urteil manchmal aufgrund anderer Aspekte. Denn ob Mark der beste Fachmann in seinem Bereich ist, können Kunden zumeist eh nicht beurteilen.

Was könnte nun ein Problem im Gespräch gewesen sein. Hier einige Aspekte:

1. „Hallo, wie kann ich Ihnen helfen?" „Hallo" ist eine Ruf- und keine Grußformel. Gerade im Kontakt mit Kunden empfiehlt sich eher ein „Guten Tag", „einen schönen guten Morgen" oder was gerade passt.

6. Generell ist Marks Sprache extrem umgangssprachlich und etwas flapsig. Beispiele sind: „Jupp", „schippern" und „etwas Nettes raussuchen".

7. Über das zur Schau tragen der Tattoos, die heutzutage ja nicht mehr außergewöhnlich sind, sollte jeder selbst überlegen, ob es zur beruflichen Rolle passt und eventuell unnötige Vorurteile befeuert. Es gibt ja auch langärmlige Shirts oder Hemden.

8. „So, hier haben Sie drei Möglichkeiten für eine nette Hochzeitsreise." Zum einen geht es um eine Reise zum Hochzeitstag und nicht um eine Hochzeitsreise und wenn ich Geld ausgebe, dann sollte die Reise nicht „nett" sein. „Nett" sind meine Nachbarn. Eine Reise ist eher „faszinierend", „spannend", „interessant", „entspannend" – je nachdem.

9. Wenn das Hilfsmittel im Verkauf oder in der Beratung ein Computer ist, dann sollten wir immer wieder auch Blickkontakt zum potentiellen Kunden aufbauen. Außerdem ist es ratsam, hin und wieder zu erzählen, was am Bildschirm gerade gesucht oder angeschaut wird, damit die Gesprächspartner wissen, was gerade passiert und sie die Wartezeit als nicht zu lange erleben.

10. „Klar, aber Sie müssen das anders sehen. Die Preise haben auch etwas mit dem Zeitpunkt der Buchung zu tun, je früher Sie buchen – Sie wissen schon." Zum einen wieder sehr umgangssprachlich (klar) und zum anderen ist die Aussage „Sie sehen das falsch" eine verbale Bestrafung, die zumeist sehr belehrend verstanden wird. Besser wäre: „Sie können das auch später entscheiden. Bitte bedenken Sie, dass die Preise, zum Beispiel für die Flüge, steigen könnten."

Häufig ist es nicht ein Punkt, der dazu führt, dass die Beziehungsebene gestört ist. Meist ist es die Summe mehrerer „Negativimpulse", die dazu führt.

Merksatz 9: Überprüfen Sie, ob Wortwahl und Auftreten zu Ihrer Rolle als Verkäuferin oder als Verkäufer passen. Bitte bedenken Sie: „Wir haben keine zweite Chance für einen ersten Eindruck."

~ ~ ~

„Wer auf andere Leute wirken will, der muss erst einmal in ihrer Sprache mit ihnen reden."

*Kurt Tucholsky, * 1890, † 1935,
deutscher Schriftsteller*

~ ~ ~

Ideen zu: Der Espresso

Wer nicht lächeln kann, sollte kein Geschäft eröffnen und wer Recht um jeden Preis behalten will, der zahlt irgendwann die Rechnung.

Was mag der Espresso kosten? € 2,20 oder € 2,50?

Die Höhe der Rechnung bei 12 Personen beträgt wohl so um die € 400 bis € 500. Es geht demnach um 0,5 %, über die eine Diskussion geführt wird und die eventuell Gäste für immer vertreibt oder wenigstens mit einem schalen Beigeschmack das Restaurant verlassen lässt.

Ein weiteres Problem ist, dass schlechte Nachrichten zumeist schneller und weiter reisen, als die guten. Solche Geschichten, solche kleinen Verletzungen, bleiben in Erinnerung. Sie werden erzählt und können den Ruf eines Restaurants negativ einfärben.

Das Restaurant gibt es heute nicht mehr. Was der Grund dafür ist, ich weiß es nicht. Ich habe lediglich eine Vermutung.

Merksatz 10: Schlagen Sie kleine Zusatzbitten und -dienste Ihrer Kunden nicht ab. Vor allem – streiten Sie nicht mit Kunden oder versuchen Sie recht zu haben, selbst wenn Sie im Recht wären. Das bringt nichts und wenn, dann nur Negatives.

Ideen zu: Ein stolzer Preis

Häufig reagieren Verkäuferinnen und Verkäufer emotional, wenn es um das Thema „Preis" geht. Kommt aber die Emotion, dann blockiert der Verstand. Wir verlieren unsere Gelassenheit und reagieren mit Standardsätzen, die häufig sogar mit emotionsgeladenen Füllworten gespickt sind.

In diesem Fall mischt sich zusätzlich noch eine Belehrung des Verkäufers dazu. Aber eins nach dem anderen:

1. Herr Miller sagt lediglich „stolzer Preis". Wir wissen nun, dass die Aussage sich darauf bezieht, dass der Preis oberhalb des Budgets liegt, Herr Miller die Kamera aber doch gerne hätte. Wahrscheinlich hörte Herr Dirksen heraus „zu teuer" oder „du machst zu hohe Preise" oder „da will wieder einer feilschen", denn er reagiert wenig zielführend.

2. „Sie wissen doch" ist der Start einer Belehrung mit erhobenem Zeigefinger. So etwas kommt nicht nur im Verkaufsprozess selten gut an.

3. „Qualität hat seinen Preis" ist eine Floskel, die ein Verkäufer aus seinem Sprachrepertoire streichen sollte. Warum? Zum einen: Es heißt „Qualität hat ihren Preis." Aber leider hört man häufig die falsche Variante von Herrn Dirksen. Zum anderen: Schlimmer ist aber die „Schweinchen-Schlau-Wirkung" dieser Phrase, denn was soll Herr Miller jetzt denken: „Oh, da habe ich ja noch nie drüber nachgedacht. Interessant, dann kaufe ich doch am besten gleich." Eine Verkäuferin oder ein Verkäufer, der auf Augenhöhe kommuniziert, wird erklären, wie der Preis zustande kommt. Das wäre bei dieser hochpreisigen Kamera sicher nicht schwer.

4. Wenn jemand aber emotional wird, dann fallen ihr oder ihm die guten Argumente zumeist nicht ein und es wer-

den stattdessen Phrasen abgefeuert, die nicht verkaufsfördernd sind.

Merksatz 11: Gestehen Sie dem Kunden zu, dass er über
Preise erstaunt ist. Bleiben Sie gelassen und erklären ihr
oder ihm, wie der Preis zustande kommt. Das gilt für Verkäufe im Fachhandel, wie auch für die Einkaufsverhandlung
in der Industrie.

~ ~ ~

„Nichts in dieser Welt ist sicher,
außer dem Tod und den Steuern."

*Benjamin Franklin, * 1706, † 1790,*
US-amerikanischer Drucker, Verleger,
Schriftsteller, Naturwissenschaftler,
Erfinder und Staatsmann

~ ~ ~

Ideen zu: Die E-Mail von Armin Bauerfreund

In dieser E-Mail finden sich einige Aspekte, die im Verkauf vermieden werden sollten. Der Schreiber eines Textes sollte sich immer etwas mehr Mühe geben, damit die Leserin oder der Leser das nicht tun muss.

Hier nur ein paar Anregungen zu dieser E-Mail. Sie haben sicher weitere gefunden.

1. Betreff „Unser Infopaket" – besser wäre „Ihr Infopaket", außerdem zu unkonkret als Ablageinformation im E-Mail-Programm.
2. „Hallo" ist eine Rufformel – besser wäre „Sehr geehrte(r) …" oder „Guten Tag".
3. „Bezug nehmend" ist eine veraltete Floskel – besser wäre ein wertschätzender Start oder einen Nutzen im Satz zu formulieren.
4. Generell ist es besser, weniger verschiedene Schriftgrößen und durchgängige Formatierungen zu nutzen.
5. „Rückfragen" gibt es nicht – besser wäre „Eventuelle Fragen beantwortet Ihnen gerne Herr Bauerfreund" oder „Wenn Sie weitere Informationen wünschen, dann nehmen Sie bitte mit Herr Bauernfreund Kontakt auf."
6. Telefonnummer so formatieren, dass sie gut zu lesen sind. (Telefon: 07032 930-732)
7. … „jederzeit" – wohl kaum (= nicht ernst gemeinte Floskel). Generell sollten Sie Sätze vermeiden, die Sie häufig in anderer Korrespondenz lesen. Bemühen Sie sich, eigene Formulierungen zu finden, die zum Anlass passen und sich positiv vom Tausendmalgelesenen abheben.
8. … „zur Verfügung stehen": Menschen stehen nicht zur Verfügung. Sitzmöbel vielleicht.

9. „Ich freue mich, bald wieder von Ihnen zu hören und verbleibe": Hier wurde ganz tief in die altmodische Floskelkiste gegriffen. Keine gute Formulierung, um beim Abschluss der E-Mail Zuverlässigkeit und Kompetenz zum Ausdruck zu bringen. – besser wäre „Sie in Zukunft zu unseren zufriedenen Kunden zählen zu können, würde uns freuen."

10.... „verbleibe": Auch hier ein veralteter Kommunikationsstil (und wenn, dann mit einem kleinen Buchstaben weiter, „... und verbleibe mit freundlichen Grüßen").

11. Drei der Absätze beginnen mit dem Wort „Ich". Dies wird auch als Ich-bezogene-Schreibweise bezeichnet. Versuchen Sie, Sätze eher mit „Sie" oder „Wir" zu starten. Das klingt wertschätzender.

12. Bitte den Namen richtig schreiben. Der Mann heißt Maier und nicht Meier. Ein falsch geschriebener Name bringt mehr Negativpunkte ein als wir denken. Deswegen bitte: Immer den Namen kontrollieren!

Merksatz 12: Investieren Sie Zeit in bessere Texte via E-Mail, die sich von der Allerwelts-Korrespondenz positiv abheben.

Ideen zu: Die vergessenen Socken

Sie wissen ja: „Wir kaufen Dinge, die wir nicht brauchen, von Geld, das wir nicht haben, um Menschen zu imponieren, die wir nicht mögen."

Bei Ihnen ist das nicht so! Gut. Wenn ich mir an die Nase greife, dann befürchte ich, dass diese Aussage in meinem Leben immer wieder mal zutraf.

Nicht aber bei dieser Geschichte. Der Verkäufer im Geschäft für Damen- und Herrenbekleidung hatte mir etwas verkauft, was ich wirklich brauchte. Ich hatte nicht nur Freude am Anzug, sondern auch ein Einkaufserlebnis, das ich nie vergessen habe und eine Definition für einen wahren Verkäufer.

Merksatz 13: Verkäuferinnen und Verkäufer handeln im Interesse ihres Unternehmens und schaffen es, Kunden zu begeistern, dass diese gerne erneut kaufen oder das Unternehmen weiterempfehlen.

„Begeistern?" Mir ist bewusst, dass es nicht in jeder Branche und für jedes Produkt leicht möglich ist, andere zu begeistern. Aber versuchen können wir es und das ist wesentlich mehr, als viele im Verkauf probieren.

Ideen zu: Clementinen

Schlechte Nachrichten verbreiten sich wesentlich schneller und weiter als gute. Das heißt, dass der unzufrieden gebliebene Kunde seine Geschichte wesentlich häufiger erzählt, als wenn er ein positives Erlebnis gehabt hätte. Von solchen Geschichten wird gerne berichtet und können nicht nur für einen Marktstand zum Problem werden.

Dem Kunden etwas Verständnis und Wertschätzung entgegenzubringen ist das beste Marketing und günstiger, als neue Kunden zu gewinnen.

Nach einer Studie der University of California beschweren sich 95 % aller Kunden gar nicht erst, sondern wechseln direkt zum Mitbewerber. Nur 5 % reklamieren und räumen damit die Möglichkeit ein, sie wieder zu einem zufriedenen Kunden zu machen. Die anderen erzählen es lieber Freunden und Bekannten! Sollten wir das riskieren? Sollten wir riskieren, Fehler auf Dauer nicht abzustellen?

Einen weiteren Punkt, der sich in Studien zeigte, sollten wir bedenken und zwar das Beschwerde-Paradoxon. Sinngemäß besagt es: Kunden, bei denen eine Reklamation positiv bearbeitet wurde, waren hinterher zufriedener als Kunden, die nichts zu beanstanden hatten.

Kunden, die nach einer Reklamation hingegen unzufrieden waren, weil die Reklamation nicht ordentlich bearbeitet wurde, wendeten sich in den meisten Fällen von dem Unternehmen ab.

Für unsere Clementinen-Geschichte könnte das bedeuten, dass ein paar nette Worte und eine „Entschädigung" in Form von nur einer Clementine alles zum Positiven verändert hätte. Die Investition hätte sich wahrlich gelohnt. Denken Sie nicht?

Merksatz 14: Reagieren Sie auf Beschweren und Reklamation wie ein Profi und bedenken, dass es eine Chance ist, den Kunden zu halten und zufrieden zu stellen.

~ ~ ~

„Verwende keine Metapher oder Redewendung, die du häufig gedruckt siehst."

George Orwell, * 1903, † 1950,
englischer Schriftsteller, Essayist und Journalist

~ ~ ~

Merksätze zum Thema Kommunikation und Verkauf

Nachfolgend finden Sie die Merksätze in einer Übersicht.

Idee: Kopieren Sie die Seite und schneiden die Merksätze aus. Platzieren Sie sie dort, wo Sie immer wieder an diese wichtigen Aspekte im Verkauf erinnert werden.

Die Merksätze sind in Du-Form formuliert, da sie erfahrungsgemäß auf diese Weise wirksamer und löschungsresistenter sind.

Ihnen wünsche ich auf jeden Fall viel Erfolg bei einem spannenden und schönen Beruf – wenn wir ihn dazu machen.

Michael Behn

Merksätze

1. Wenn es gut läuft, sei nicht zu euphorisch und hebe ab und wenn es schlecht läuft, sei nicht zu niedergeschlagen. Wenn du richtig analysierst und auch etwas tust, wird sich das Blatt schon bald wenden.

2. Überlege besonders bei kritischen Aussagen des Kunden, wie du reagierst. Häufig wird auf den negativsten Aspekt in Aussagen reagiert und nicht auf die positiven Möglichkeiten.

3. Hole die Lupe raus und übe, verständlicher zu sprechen. Poliere deine Sprache bis sie glänzt und ganz klar und eindeutig ist.

4. Schenke Kunden auch mal ein Lächeln und denke an die Wichtigkeit der Beziehungsebene.

5. Eine gute Analyse hilft, den tatsächlichen Bedarf des Gesprächspartners bzw. Kunden zu erkennen und seine Motive kennenzulernen.

6. Frage in der Analysephase mehr und höre aktiv zu, um herauszufinden, was dem Kunden wichtig ist. Seine Vorstellungen, Motive und Wünsche sind entscheidend und nicht der Geschmack oder die Vermutungen des von dir selbst.

7. Beginne Verkaufsgespräche am Telefon wertschätzend und mit einem starken Nutzen.

8. Beschäftige dich mit Körpersprache, schaue genau hin und lerne diese unterschätzte Kommunikationsform.

Merksätze

9. Überprüfe, ob Wortwahl und Auftreten zu deiner Rolle als Verkäuferin oder als Verkäufer passen. Bitte bedenke: Du hast keine zweite Chance für einen ersten Eindruck!

10. Schlage kleine Zusatzbitten und -dienste deiner Kunden nicht ab. Vor allem – streite nicht mit Kunden oder versuche, recht zu haben, selbst wenn du im Recht bist. Das bringt nichts und wenn, dann nur Negatives.

11. Gestehe dem Kunden zu, dass er über Preise erstaunt ist. Bleibe gelassen und erkläre ihr oder ihm, wie der Preis zustande kommt. Das gilt für Verkäufe im Fachhandel, aber auch für die Einkaufsverhandlungen in der Industrie.

12. Investiere Zeit in bessere Texte via E-Mail, die sich von der Allerwelts-Korrespondenz positiv abheben. Poliere ein wenig deine Sätze und lasse die falschen Worte weg.

13. Verkäuferinnen und Verkäufer handeln im Interesse ihres Unternehmens und schaffen es, Kunden zu begeistern, dass diese gerne erneut kaufen oder das Unternehmen weiterempfehlen. „Begeistern?" Mir ist bewusst, dass es nicht in jeder Branche und für jedes Produkt leicht möglich ist, andere zu begeistern. Aber versuchen können wir es und das ist wesentlich mehr als viele im Verkauf versuchen.

14. Reagiere auf Beschwerden und Reklamationen wie ein Profi und bedenke, dass es eine Chance ist, den Kunden zu halten und zufrieden zu stellen.

Verkaufen und Persönlichkeit
von Michael Behn

Nutzen des Buches: Entwickeln Sie sich als Persönlichkeit weiter, um als Verkäufer stressfreier, einfacher und erfolgreicher Kunden für Ihre Produkte oder Dienstleistungen zu begeistern.

Verkaufen beginnt im Kopf. Techniken und Hilfsmittel helfen erst dann, wenn der Verkäufer eine positive Einstellung zu seiner Rolle und den damit verbundenen Aufgaben gewonnen hat.

Verkaufen ist ein hochkreativer und kommunikativer Prozess, der es dem Verkäufer erlaubt, im Umgang mit Menschen, Bedürfnisbefriedigung und Zufriedenheit beim anderen zu erzeugen.

Wer

- o zufriedene Kunden gewinnt,
- o neue Menschen kennenlernt,
- o versucht, besser mit Kunden zu kommunizieren und lernt, mit Erfolgen und Misserfolgen umzugehen,

der reift auch als Persönlichkeit und hat die Chance, Menschen für Produkte sowie Dienstleistungen zu begeistern.
Aber: Wie motiviere ich mich für diese herausfordernde Tätigkeit? Was führt dazu, sich als Verkäufer weiterzuentwickeln?

Lernen Sie in diesem Buch Ideen und Übungen kennen, die Ihnen helfen werden.

Aus dem Inhalt:

- Verkaufen – „Nein, danke!" oder „Ja, gerne!"
- Welche Farbe hat Ihre Seele? – Drücken oder verkaufen
- Positive Grundeinstellung versus positives Denken
- Zwei hilfreiche Regeln, wenn Sie etwas ändern möchten
- Persönlichkeitsentwicklung – angstfrei und authentischer verkaufen
- Das Johari-Fenster – Sich selbst bewusster werden
- Glaubenssätze – Hemmschuh oder Hilfe
- Erfolgreiche Verkäufer investieren in Wissen und Können
- Ziele und Werte – Klarheit und Profil gewinnen
- Kraftvolle Ziele entspringen aus Wünschen und Motiven
- Werte als Fundament von Erfolg und Persönlichkeit
- Kampf den Komplexen: Lassen Sie Größe zu
- Der Elevator Pitch – die Selbstpräsentation
- Sich organisieren als Verkäufer (Zeit und Planung)
- Entspannter durch Planung von Tag und Woche
- Als Verkäufer seine Zeitfresser besiegen
- Erfolge und Motivation durch den Vertriebs-Tagescheck
- Mehr Erfolg für Leertischler
- Gesundheit und Verkaufen
- Work-Life-Balance
- Ernährung und Bewegung
- Energietankstelle für Verkäufer (Übung auch als MP3)
- Verkaufsphasen und -techniken
- Buchempfehlungen

~ ~ ~

„Was immer du tun kannst oder wovon du träumst – fange es an. In der Kühnheit liegt Genie, Macht und Magie."

Johann Wolfgang von Goethe,
* 1749, † 1832, deutscher Dichter

~ ~ ~

Leserstimme

Es gibt sogenannte „Fachbücher" die nicht nur für einen bestimmten Bereich gelten. Dieses ist so ein Buch. Ähnlich, wie bei Sunzis Buch „Die Kunst des Krieges" kann man hier sehr viele vorgetragene Beispiele auch in einem Leben anwenden, das nicht dem Fach gilt. Top geschrieben von Michael Behn (Sabadin)

Weitere Leserstimmen auf Amazon.de: blueprints.de/go-520